BEI GRIN MACHT SICH IHR
WISSEN BEZAHLT

- Wir veröffentlichen Ihre Hausarbeit,
  Bachelor- und Masterarbeit

- Ihr eigenes eBook und Buch -
  weltweit in allen wichtigen Shops

- Verdienen Sie an jedem Verkauf

Jetzt bei www.GRIN.com hochladen
und kostenlos publizieren

Öffentliche und freie Träger in der Jugendhilfe. Welche Bedingungen beeinflussen eine gelingende Kooperation?

Steffi Gesser

Bibliografische Information der Deutschen Nationalbibliothek:

Die Deutsche Nationalbibliothek verzeichnet diese Publikation in der Deutschen Nationalbibliografie; detaillierte bibliografische Daten sind im Internet über http://dnb.d-nb.de abrufbar.

ISBN: 9783346546425
Dieses Buch ist auch als E-Book erhältlich.

© GRIN Publishing GmbH
Nymphenburger Straße 86
80636 München

Alle Rechte vorbehalten

Druck und Bindung: Books on Demand GmbH, Norderstedt Germany
Gedruckt auf säurefreiem Papier aus verantwortungsvollen Quellen

Das vorliegende Werk wurde sorgfältig erarbeitet. Dennoch übernehmen Autoren und Verlag für die Richtigkeit von Angaben, Hinweisen, Links und Ratschlägen sowie eventuelle Druckfehler keine Haftung.

Das Buch bei GRIN: https://www.grin.com/document/1138906

Gesser, Steffi

Durch welche Bedingungen wird eine gelingende Kooperation von öffentlichen und freien Trägern der Jugendhilfe beeinflusst?

Dargestellt an dem Beispiel „Gemeinsame Wohnformen für Mütter/Väter und Kinder" nach §19 SGB VIII

Hochschule Darmstadt University of Applied Sciences
Fachbereich: Soziale Arbeit

Prüfungsleistung im Studiengang Soziale Arbeit (Bachelor; PO 20091)

Sozialadministratives Praktikum

Wintersemester 2020/2021

Abgabedatum: 05.11.2020

Inhalt

1. Einleitung

„Bei uns steht der Mensch im Mittelpunkt – und gerade da steht er uns im Weg."
Ironie eines Betriebsrats (zit. n. D. Goeudevert); (Speck, 1999, S.5).

Soziale Arbeit eine Menschenrechtsprofession oder *administrativer* Aufwand im Alltagsgeschäft? Diese Frage stellte ich mir recht frühzeitig während meines Praktikums. Ich wählte meine Praktikumsstelle, für das Sozialadministrative Praktikum, im Mutter-Vater-Kind-Haus, weil ich durch meine Vollzeitbeschäftigung als Nachtbereitschaft bei diesem Jugendhilfeträger bereits aushilfsweise in dieser Gruppe eingesetzt war. Jetzt wollte ich tiefere Einblicke in die administrativen Tätigkeiten der Pädagog*innen in diesem Bereich erhalten. Die betreuende und unterstützende Arbeit in der Nacht unterscheidet sich gravierend von der pädagogischen Arbeit am Tag. Hier konnte ich bereits während des Projektes im Rahmen von Modul 11 Erfahrungen sammeln. Das Leitmotiv in diesem Mutter-Vater-Kind-Haus lautet:

„Ich helfe dir, es selbst zu tun!"

Meine Praxisanleiterin während meiner Praktikumszeit ist Diplompädagogin und systemische Beraterin und setzt mit ihrem Team den systemischen Gedanken in der tagtäglichen Arbeit um.

Zu Beginn dieser Arbeit stelle ich Ihnen die Institution vor, in welcher ich mein Sozialadministratives Praktikum absolviert habe. Außerdem gewähre ich einen Einblick in meine Tätigkeiten und die dort gesammelten Erfahrungen. Durch meine nunmehr fast siebenjährige Tätigkeit bei einem der größeren freien Träger der Jugendhilfe wurde und werde ich praktisch und durch mein Studium in der Theorie, mit der Trägerstruktur in der Jugendhilfe vermehrt konfrontiert. Die Dynamiken, die durch die verschiedenen Tätigkeitsbereiche der Sozialarbeiter*innen bei öffentlichen und freien Jugendhilfeträgern entstanden, weckten mein Interesse, mich im Rahmen dieser Arbeit mit diesem brisanten Thema näher zu beschäftigen. Hierbei werde ich auf die Kooperation zwischen der öffentlichen und freien Jugendhilfe eingehen. Ich werde auf die theoretischen und gesetzlichen Grundlagen eingehen sowie kurz einen Abriss über Soziale Dienste und Soziale Dienstleistungen geben. Die Finanzierung von Sozialen Dienstleistungen erläutere ich am Beispiel des Caritasverbandes.Die Zusammenarbeit der öffentlichen und freien Träger der Jugendhilfe betrachte ich entlang der Frage:

„Durch welche Bedingungen wird eine gelingende Kooperation von öffentlichen und freien Trägern der Jugendhilfe beeinflusst? "

Gleichzeitig möchte ich in dieser Arbeit dem Leser einen Einblick in die administrativen Arbeiten in der vollstationären Jugendhilfe am Beispiel der Tätigkeiten in einer Mutter-Vater-Kind-Einrichtung geben.

Nachdem die Frage formuliert war, informierte ich mich zu dem Thema und recherchierte hierzu. Auch wenn es nicht als wissenschaftliche Erhebung gelten kann und soll, befragte ich Kolleg*innen, Abteilungsleiter*innen und die Heimleitung des Jugendhilfeträgers, bei dem ich das Praktikum absolvierte.
Mit der vorliegenden Arbeit möchte ich darstellen, wie sich Kooperation zwischen Jugendämtern (öffentlicher Träger) und Einrichtungen der vollstationären Jugendhilfe (freier Träger) auswirkt und wie und unter welchen Bedingungen die administrativen Tätigkeiten im Alltag bewältigt werden.

Bei der Erstellung meiner Arbeit wende ich die hauptsächlich die Methoden der Literaturauswertung bzw. die Sekundärauswertung vorhandener Daten an.

Zum Abschluss werde ich ein Fazit aus den gewonnenen Erkenntnissen ziehen und meine Praxisphase reflektieren.

2. Vorstellung der Einrichtung

Der Jugendhilfeträger besteht aus drei parallel nebeneinander bestehenden Organisationsformen.

2.1. Der Jugendhilfeträger

Der Jugendhilfeträger, wurde bereits 1928 von Ordensschwestern gegründet. Zu dieser Zeit lag das Hauptaugenmerk des Kinderheims, elternlosen oder obdachlosen Kindern eine Heimat zu geben. Das Haupthaus befindet sich auch heute noch an seinem damaligen Ort. Der Träger ein korporatives Mitglied eines Wohlfahrtsverbandes und leistet gemeinsam mit seiner Partnerorganisation. Hilfen im Rahmen vom SGB VIII in vier Bereichen: den Ambulanzen, den Heilpädagogischen Tagesgruppen, den Kinderhäusern und den stationären Jugendwohngruppen.
In der heimeigenen Schule zur Erziehungshilfe mit dem Förderschwerpunkt sozial-emotionale Entwicklung und Schule für Kranke mit den Abteilungen, für Schüler*innen mit normaler Begabung, für Schüler*innen mit besonderer

Begabung sowie mit dem Ziel der Reintegration in eine weiterführende Schule, können die Klient*innen beschult werden.

Alle betreuten Kinder und Jugendlichen weisen deutliche Verhaltensprobleme auf, sodass Maßnahmen nach SGB VIII erforderlich sind. Derzeit besteht der Träger aus der Schule zur Erziehungshilfe, Ambulanzeinrichtungen, Tagesgruppen, Wohngruppen, Kinderhäusern, Inobhutnahmestellen, Außenwohngruppen, dem Mutter-Vater-Kind-Haus, der Verwaltung, dem Haustechnischen Dienst und der Abteilung Hauswirtschaft.

Auftraggeber des Trägers sind hauptsächlich die Jugendämter aus der näheren Umgebung. Aufgrund der Einzigartigkeit in Deutschland, auch hochbegabte Minderleister, die sogenannten Underarchiever, beschulen zu können und zu einem Schulabschluss zu führen, kann eine Unterbringung von Kindern und Jugendlichen auch aus der gesamten Bundesrepublik möglich sein.

2.2. Mutter-Vater-Kind-Haus (MuK)

Das Mutter-Vater-Kind-Haus ist eine vollstationäre Gruppe, in der Mütter, ganz selten auch Väter, ihr Kind selbst betreuen können. Dies geschieht unter Anleitung und mit Unterstützung von pädagogischem und/oder medizinischem Personal. In der Folge wird aus Gründen der Vereinfachung von Müttern die Rede sein, da seit Bestehen des Hauses bisher nur ein einziger Vater mit seinem Kind in der Gruppe gelebt hat. Die Mutter-Kind-Gruppe wurde im September 2013 aufgebaut. Seit diesem Zeitpunkt ist die MuK 365 Tage im Jahr und 24 Stunden am Tag geöffnet. Im MuK sind sechs Betreuerinnen mit medizinischer oder pädagogischer Ausbildung beschäftigt. Diese decken den Tagdienst ab und erfüllen so ihren pädagogischen Auftrag. Die Betreuung in der Nacht wird durch zwei Nachtbereitschaften gewährleistet. Während dieser Zeit befindet sich der letzte Spätdienst in Rufbereitschaft. Unterstützend ist an den Werktagen eine Hauswirtschaftskraft tätig, die für die Umsetzung der Hygienestandards verantwortlich ist. Aufgrund der Thematik und der Problematik der untergebrachten Mütter, sind konzeptionell tatsächlich nur weibliche Pädagogen in der Gruppe vorgesehen. Leistungsgrundlage für die Finanzierung der Arbeit sind § 19 SGB VIII, §27 Abs. 4 SGB VIII und in Einzelfällen auch §35 a SGB VIII.

Das Mutter-Vater-Kind-Haus ist eines der Angebote des Jugendhilfeträgers und befindet sich in einer Eigenheimsiedlung, die mit öffentlichen Verkehrsmitteln, sehr gut zu erreichen ist. Die Gruppe ist in einem Zweifamilienhaus untergebracht und besteht aus zwei Wohnetagen und einem

4

Untergeschoss. Das Mutter-Vater-Kind-Haus bietet Wohnmöglichkeiten für sechs Mütter mit jeweils einem Kind. Im Untergeschoss befinden sich die Büroräume und das große Spielzimmer. In den beiden anderen Etagen leben jeweils drei Frauen mit ihrem Kind in einem ca. 12m² großen Zimmer. Diese drei Frauen benutzen ein geräumiges Bad, die Küche mit angrenzendem Essbereich und ein großes Wohnzimmer mit Terrasse bzw. Balkon gemeinsam.

Aufgenommen werden Frauen, die die Vorgaben der oben erwähnten Paragraphen des SGB VIII erfüllen. Die Zielgruppe liegt daher bei einem Alter von 12 bis 27 Jahren mit ihren Kindern, die das sechste Lebensjahr noch nicht vollendet haben.

Ein Teil der Frauen wurde bereits während der Schwangerschaft in das Mutter-Vater-Kind- Haus aufgenommen, andere werden erst nach der Geburt in der Einrichtung betreut. Allen gemeinsam ist, dass der Grund der Unterbringung der Frauen fast immer im Zwangskontext des Jugendamtes steht. Meist ist die Unterbringung in dieser Gruppe die einzige Möglichkeit, weiter gemeinsam mit ihren Kindern zusammenzuleben. Die Aufträge durch das Jugendamt sind breit gefächert. So reichen sie zum Beispiel von der Unterstützung im Aufbau einer tragfähigen Mutter-Kind-Beziehung, über die Sicherstellung des Kindeswohls bis hin zur Unterstützung beim Erlernen von lebenspraktischer Tätigkeiten. Ein Großteil, der jungen Frauen, die im MuK untergebracht sind, haben keine Unterstützung aus ihren Herkunftsfamilien, kommen aus desolaten Familienverhältnissen, es bestehen ungeklärte Partnerschaften oder aber sie verfügen bereits über eine längere Jugendhilfekarriere.

Da es sowohl für die Frauen, als auch für die Kinder wichtig ist Strukturen und Rituale zu erlernen und zu erleben, wird dies in der Mutter-Kind-Gruppe tagtäglich praktiziert. Einige der Frauen kennen weder Regeln noch Strukturen, sodass diese Umstellung sich anfangs schwierig gestalten kann. Es ist einige Zeit und intensive Arbeit erforderlich, damit die Regeln nicht als „böswillige" Einschränkungen angesehen werden, sondern als Hilfsmittel, die sowohl ihnen, als auch ihren Kindern Sicherheit und Stabilität geben und ihrem eigenen Wohl sowie dem ihrer Kinder dienen. Ziel der Arbeit der Pädagog*innen im Mutter-Vater-Kind-Haus ist es, mit dem Prinzip der Hilfe zur Selbsthilfe die jungen Frauen dabei zu unterstützen eine sichere und tragfähige Bindung zu ihren Kindern aufzubauen, sowie lebenspraktische Aufgaben selbstständig zu meistern. Außerdem wird Wert darauf gelegt, dass sie nach dem Auszug finanziell unabhängig in der Lage sind, ihr Leben und das Leben ihrer Kinder zu bestreiten. Darauf wird, durch Unterstützung und Ermunterung, sich wieder in einer Schule oder Ausbildungsstelle zu integrieren, hingewirkt. Wichtig ist, dass die Frauen immer wieder verdeutlicht bekommen, dass SIE die Experten in Bezug auf die Bedürfnisse ihrer Kinder sind und sie durch die Fachkräfte lediglich Unterstützung und Beratung in Erziehungs- oder psychosozialen Fragen erhalten.

Die Arbeit des Mutter-Kind-Hauses ist auf eine starke Vernetzung angewiesen. Eine intensive Zusammenarbeit bzw. Kooperation findet mit anderen Helfersystemen, wie beispielsweise Kinderärzt*innen, Gynnäkolog*innen, Therapeut*innen, Berater*innen im Rahmen der Frühen Hilfen und Lehrer*innen, statt. Die Kooperation mit einer Kinderarztpraxis besteht schon seit Eröffnung der Hauses und hat den Vorteil, dass für alle Kinder lediglich ein Kinderarzt zuständig ist. Dieser kennt die Einrichtung, das Team, dessen Arbeitsweise und natürlich auch die Patient*innen.

Bei allen Aktivitäten werden die Mütter, die Väter und auch die Herkunftsfamilien mit einbezogen, um den Müttern und Kindern, bei einem Auszug ein stabiles Umfeld und ein soziales Netzwerk mit an die Hand zu geben.

3. Theoretische und gesetzliche Grundlagen

Die Kooperation von öffentlichen und freien Trägern in der Jugendhilfe ist ein unerschöpfliches Thema. Eine Kooperation soll die beteiligten Parteien befähigen besser zu handeln und Lösungen für die Adressat*innen finden [vgl. van Santen & Seckinger 2003, 29]. Eine gelingende Zusammenarbeit zeichnet sich dadurch aus, dass diese Synergien nutzt, abstimmt und gleichzeitig auch zielgerichtet ist. In Anlehnung daran wird eine Kooperation in der Kinder- und Jugendhilfe als gewünschte Praxis der Zusammenarbeit angesehen [vgl. § 4 Abs, 1, Satz 1 SGBVIII]. Diese Partnerschaft dient den jungen Menschen und ihren Familien.

3.1. Soziale Dienste und Soziale Dienstleistungen

Grundsätzlich könnten Soziale Dienstleistungen auf Märkten erbracht werden und somit über Angebot, Nachfrage und Preis reguliert werden. Ein Ausschluss von der Nutzung der sozialen Dienstleistung wäre somit bei Zahlungsunwillen oder Zahlungsunfähigkeit jederzeit möglich. Jedoch ist ein derartiger Ausschluss nicht wünschenswert oder auch nicht zielführend. Bleiben wir beim Beispiel der Unterbringung in einem Mutter-Kind-Haus, ist es für fast alle Klient*innen unmöglich, die Kosten der Maßnahme zu finanzieren. Für die in dieser Einrichtung untergebrachten Mütter würde eine Regulierung über Angebot, Nachfrage und Preis bedeuten, dass sie keine Chance bekämen mit ihrem Kind zusammen leben zu können. Die Kinder würden häufig direkt nach der Geburt bzw. sofort beim Auftreten einer

Gefährdungslage fremduntergebracht. Daher entscheiden gesellschaftspolitische Wertevorstellungen über die Erbringungsform einer sozialen Dienstleistung. Somit kann von einem Marktversagen bei sozialen Dienstleistungen ausgegangen werden. Gerade im Bereich der vollstationären Jugendhilfe, wozu auch die gemeinsamen Wohnformen nach § 19 SGB VIII zählen, fallen hohe Kosten aufgrund von Vorhaltekosten an. Plätze, die nicht belegt sind, werden nicht vergütet, können aber auch nicht ohne Weiteres gestrichen werden. Kund*innen oder Konsument*innen einer sozialen Dienstleistung werden als rationale und vollinformierte Persönlichkeiten betrachtet, die souverän den Leistungsanbieter auswählen können. Das mag noch bei der Wahl des Kindergartens, sofern mehrere im Sozialraum vorhanden sind, möglich sein. Bei einer Fremdunterbringung in einer Jugendhilfeeinrichtung haben die Klient*innen häufig nicht die Wahlmöglichkeiten nach eigenen Präferenzen. Auch fehlt ihnen die Exit-Option. Die Adressat*innen können nicht ohne Weiteres die Hilfen beenden. Ein weiterer Aspekt des Marktversagens ist die eingeschränkte Konsument*innensouveränität. Gerade eine Inobhutnahme ist eine Intervention, die Klient*innen nicht wollen. Hier werden die Kund*innen durch die Eingriffsverwaltung zwangsweise gebunden [vgl. Brütt, 2019].

3.2. Trägerstrukturen in der Sozialen Arbeit

Ein Träger im Sinne der Sozialen Arbeit betreibt rechtlich verantwortlich Dienste oder Einrichtungen. Sie können als Gebietskörperschaften oder Personenkörperschaften, öffentlich rechtliche Träger oder als frei-gemeinnützige bzw. privat-gewerbliche, privatrechtliche Träger sein. Bleiben wir bei der Kinder- und Jugendhilfe, so sind die Jugendämter der Kommunen, Landkreise oder auch die übergeordneten Landesjugendämter, öffentlich-rechtliche Träger. Die Bundesarbeitsgemeinschaft der Landesjugendämter sind beispielsweise Zusammenschlüsse der Landesjugendämter. Diese geben Empfehlungen und Arbeitshilfen, nehmen Stellung zu Gesetzesentwürfen im Bereich der der Kinder- und Jugendhilfe und entwickeln Grundsätze und Verfahrensweisen für die Jugendhilfe. Mit Erneuerung des §78 SGB VIII, Ende der 1990er Jahre, welcher besagt, dass die Träger der öffentlichen Jugendhilfe, Arbeitsgemeinschaften anstreben sollen, wird die Vermarktlichung der Sozialen Arbeit besonders deutlich [vgl. z.B. Chassé, 2014]. Bei den privatrechtlichen Trägern möchte ich die privat-gewerblichen Träger lediglich erwähnen und näher auf die Besonderheiten der frei-gemeinnützigen Träger eingehen, da ich auch mein Praktikum in einer Einrichtung eines frei-gemeinnützigen Trägers absolviert habe. Die frei-gemeinnützigen Träger sind mehrheitlich in den sechs Spitzenverbänden der Freien Wohlfahrtspflege zusammengeschlossen (AWO, DRK, Caritas,

Diakonie, Der Paritätische und der ZWST) und genießen gegenüber den privat-gewerblichen Trägern Privilegien. Neben der Verankerung der Förderung und Anerkennung als Jugendhilfeträger, welche im Gesetz verankert ist, dürfen die frei-gemeinnützigen Träger auch Spenden annehmen und verfügen über steuerrechtliche Begünstigungen [vgl. §§ 74, 75 SGB VIII]. Die Spitzenverbände der Freien Wohlfahrtspflege arbeiten in der Bundesarbeitsgemeinschaft der Freien Wohlfahrtspflege e.V. (BAGFW) zusammen. Gemeinsames Ziel ist bei dieser Kooperation die Sicherung und Weiterentwicklung der sozialen Arbeit durch gemeinschaftliche Initiativen und sozialpolitische Aktivitäten. So sind einige Aufgaben der BAGFW, die Mitwirkung an der Gesetzgebung und die Kontaktpflege zu politischen Gremien und Entscheidungsträgern. In zentralen Angelegenheiten findet eine enge Zusammenarbeit mit Bund, Ländern und Kommunen statt. [vgl. BAGFW]. Die Frei-gemeinnützigen Träger bzw. deren Spitzenverbände üben überaus wichtige Funktionen aus. In der **advokatorische**n Funktion handeln sie anwaltschaftlich, stellvertretend im Interesse der Klient*innen. Freiwillige Zusammenschlüsse Einzelpersonen oder auch Körperschaften bzw. Verbindungen, decken die **assoziative** Funktion der Frei-gemeinnützigen Träger ab. Die **Dienstleistungs**funktion wird dadurch begleitet, dass professionell, gegen Entgelt auf Basis des Sozialrechts gearbeitet wird. Da es sich bei den Spitzenverbänden um Weltanschauungsverbände handelt, bilden diese eine **Wertegemeinschaft** [vgl. Dahme/Wohlfahrt, 2013, 130 f.]. Um die Hilfen effektiv einsetzen zu können arbeiten die frei-gemeinnützigen Träger mit den öffentlich-rechtlichen Trägern in einem Wohlfahrtsmix bzw. Wohlfahrtspluralismus zusammen.

3.3. Finanzierung sozialer Dienstleistungen

Bei der Etablierung des Sozialmarktes geht es darum, dass überprüfbare Leistungen, zu transparenten Preisen, von untereinander um Kosten und Qualitäten konkurrierenden Dienstleistungsanbietern, erbracht werden sollen [Galuske, 2008, S19]. Die Leistungen der Jugendhilfe werden den freien Trägern durch die öffentlichen Träger vergütet. Dies geschieht über Leistungsvereinbarungen, die regelmäßig neu verhandelt und geschlossen werden. Im Wesentlichen kommt heute dem Finanzträger der Sozialen Arbeit (der öffentlichen Jugendhilfe) die "Funktion eines ,Kosten- und Gewährleistungsträgers zu, der die Gesamtverantwortung für die fachliche Ausgestaltung der zu vereinbarenden Leistungen inne hat" [Messmer, 2007, S .23]. Grundsätzliche Finanzierungsquellen der frei-gemeinnützigen Träger für ihre sozialen Leistungen stelle ich am Beispiel des Caritasverbandes vor. Leistungsentgelte für Krankenhäuser, Altenpflege oder Sozialstationen werden aus **Sozialversicherungsbeiträge**n finanziert. Diese Entgelte sind durch Sozialversicherungskassen gesetzlich geregelte Beträge. Teile der Kosten für

Altenheime, Kindertagesstätten finanzieren die Leistungsempfänger aus **eigenen Mitteln**. Eine weitere Finanzierungssäule sind **öffentliche Zuschüsse** von Bund, Ländern und Kommunen, für Kindertagesstätten, Wohnheime für Menschen mit Behinderung oder Suchtberatung. Die Höhe der Zuschüsse variiert, da diese wie oben am Beispiel der Jugendhilfe beschrieben individuell ausgehandelt werden und daher regional unterschiedlich sind. Eine weitere Finanzierungsquelle sind **Spenden oder Stiftungen**. Die Caritas verfügt über **eigene Mittel**, die sich u.a. aus Kirchenkollekten, Teilen der Kirchensteuer und Erträgen aus Vermögen zusammensetzen [Caritas, 2020]. In der Sozialwirtschaft spricht man von zwei Arten der Finanzierung, der Objektfinanzierung und der Subjektfinanzierung. Bei der Objektfinanzierung werden Einrichtungen, also Objekte, gefördert. Die Subjektfinanzierung fördert die Anspruchsberechtigten. Auf das Einkaufsmodell möchte ich hier nicht eingehen, sondern nur das sozialrechtliche Dienstleistungsdreieck erläutern. Die leistungsberechtigten Bürger*innen haben einen Rechtsanspruch gegenüber einem Leistungs- bzw. Kostenträger und gleichzeitig eine privatrechtliche, vertragliche Beziehung zum Leistungserbringer. Zwischen den Leistungserbringern und den Leistungs- und Kostenträgern besteht eine öffentlich-rechtliche Beziehung. Diese beruht auf den Abschluss von Verträgen (Entgeltvereinbarungen). Ohne Vertrag kann kein Leistungsentgelt übernommen werden. Gerade in der vollstationären Jugendhilfe ist eine Kostenübernahmevereinbarung (Vertrag) wichtig, damit der belegte Platz letztendlich auch finanziert werden kann. Bei Leistungen nach SGB VIII gliedern sich die Vertragsbestandteile in die Leistungsvereinbarung, die Entgeltvereinbarung und in die Qualitätsentwicklungsvereinbarung auf. Die Vereinbarungen sind unter den Grundsätzen der Leistungsfähigkeit, Wirschaftlichkeit und Sparsamkeit abzuschließen [§ 78 SGB VIII]. Es darf zu keinem Ausschluss von Leistungsträgern wegen Bedarfserwägungen führen. Die Leistungsanbieter müssen Marktzugang bekommen, sofern sie geeignet sind, die geforderte Leitung zu erbringen. Der Staat tritt in regulatorisch-fiskalischer Doppelrolle auf. Er ist Rahmensetzer und Kostenträger [vgl. Brütt, 2019].

4. Verantwortungsgemeinschaft der Träger

Die partnerschaftliche Zusammenarbeit in einer Verantwortungsgemeinschaft zwischen öffentlichen und freien Trägern der Jugendhilfe ist Ziel des SGB VIII und dient dem Wohl der Klient*innen. Wie oben bereits näher beschrieben stehen die Partner in einer Geschäftsbeziehung, die durch gewisse Voraussetzungen und klar definierte Rahmenbedingungen gekennzeichnet ist. Die Beteiligten sind verpflichtet sich hierrüber immer wieder partnerschaftlich auszutauschen und zu verständigen, damit die Hilfen und Angebote immer wieder neu an die Bedarfslagen der Adressat*innen angepasst werden können. Wichtig ist auch, immer wieder den wirtschaftlichen Aspekt der Hilfen im Blick zu behalten. Anbieter sozialer Dienstleistungen müssen wirtschaftlich arbeiten und die ihnen zur Verfügung stehenden Ressourcen effizient einsetzen [Arnold et al. 2014]. Hierdurch wird die Bedeutung wirtschaftlichen Denkens und Handelns für Sozialbetriebe klar hervorgehoben. Das wirtschaftliche Arbeiten in den einzelnen Wohngruppen wird seitens der Heimleitung immer wieder in den Vordergrund gestellt. So wächst die Angst bei den Beschäftigten, ihren Arbeitsbereich verlassen zu müssen, weil die Gruppe eventuell bereits über einen längeren Zeitpunkt nicht voll belegt ist. Diese Belastung kann dazu führen, dass Entlassungen nicht zeitnah erfolgen oder aber Beendigungen der Maßnahmen, nicht immer zum Wohle des Kindes, herausgezögert werden.

Betrachtet man die aktuellen Zahlen des Statistischen Bundesamtes aus dem Jahr 2019, erkennt man, dass die Zahl der gewährten Hilfen zur Erziehung im vorangegangenen Zehnjahreszeitraum um 22 Prozent, auf über eine Million angestiegen sind [vgl. Statistisches Bundesamt; 2020]. Die Verantwortung für eine Umsetzung der Jugendhilfestandards und die Schaffung neuer Angebotsformen, wie zum Beispiel der Unterbringung unbegleiteter minderjährigen Ausländer (UMA), wurde partnerschaftlich durch die Zusammenarbeit von öffentlichen und freien Trägern ermöglicht [vgl. AGJ, 2018, 2]. Ein Kennzeichen der Kinder- und Jugendhilfe ist, wie bereits im Kapitel drei beleuchtet, die gesetzliche Grundlage der Zusammenarbeit aus dem § 4 SGB VIII. Die Aufgabenbereiche der Träger unterscheiden sich jedoch. So sind die öffentlichen Träger (Jugendamt) im Rahmen des SGB VIII bei der Aufgabenerfüllung in der Gesamtverantwortung sowie der Planungsverantwortung. Während die freien Träger Angebote und Leistungen erbringen [vgl. § 2 SGB VIII].

4.1. *Hilfen, Bedarfe, Genehmigungen und ihre Widersprüche*

Trotz aller positiver Kooperation in der Trägerstruktur kann es zu Differenzen in der Zusammenarbeit kommen. Selbst Führungskräfte freier Träger geben inzwischen ohne Weiteres zu, dass fiskalische Aspekte bei der Auftragsvergabe durch öffentliche Träger, insgesamt maßgeblicher sind und Entscheidungen mehr beeinflussen, als fachliche Erwägungen [vgl. Otto/Ziegler, 2012, S. 18]. Wenn auch nicht so häufig, wie in anderen Bereichen der vollstationären Jugendhilfe, zeichnet sich auch bei den gemeinsamen Wohnformen ein Trend dahingehend ab, dass zu gewährende Hilfen nicht am jeweiligen Bedarf, sondern an dem Vorhandensein finanzieller Ressourcen oder aber weiterer gesetzlicher Vorgaben, die ich aber nicht weiter betrachten möchte, entschieden werden. Hier durfte ich beispielsweise erleben, dass eine junge Mutter, die ohne Weiteres selbstständig mit ihrem Kind leben könnte, in einem „Betreuten Wohnen" untergebracht werden musste, weil ihr Aufenthaltsstatus es nicht anders ermöglichte. Bei einer anderen Mutter wurde die Maßnahme beendet, weil sie sich nicht auf die Regeln einlassen wollte. Sie lebt jetzt allein mit ihrem Kind, obwohl ein weiterer Unterstützungsbedarf angezeigt gewesen wäre. In diesem Fall ist eine enge Begleitung durch eine Sozialpädagogische Familienhilfe notwendig. Die Kosten für diese beiden Hilfearten unterscheiden sich nicht nur im Pädagogischen sondern auch nach finanziellen Gesichtspunkten. Liegt doch das Entgelt laut Leistungsvereinbarung für eine SPFH weitaus unter dem, einer Unterbringung nach § 19 SGB VIII. Oftmals werden falsche, ungeeignete oder oberflächliche Hilfen gewährt, die eher aus fiskalischer Überlegung als aus fachlichen Gesichtspunkten getroffen werden. Aber gerade an dieser Stelle scheint es wichtig zu sein, eine Hilfe die von vornherein falsch und nicht zielführend ist, überhaupt nicht zu gewähren, um die ohnehin schon knappen finanziellen und personellen Ressourcen nicht noch weiter zu belasten. Die strukturellen und inhaltlichen Veränderungen in der Kinder- und Jugendhilfe machen sich in allen Teilbereichen der angebotenen Hilfeeinrichtungen bemerkbar. Die Jugendämter, die als öffentliche Leistungsträger, auch als Schaltzentrale über die zu gewährenden Hilfen entscheiden, sind auf Grund des vorherrschenden Fachkräftemangels, der Teilzeitbeschäftigung und der ständig steigenden Fallzahlen, einer stetig wachsenden, auch psychischen, Belastung ausgesetzt. Sind die fallzuständigen Sachbearbeiter nämlich durch ein atypisches Beschäftigungsverhältnis überfordert und belastet, können die ausführenden Jugendhilfeträger in ihrer Arbeit dermaßen blockiert werden, dass sowohl ein effektives, als auch ein effizientes Arbeiten kaum mehr möglich ist. Diese Aussage möchte ich an einem kurzen, von mir selbst erlebten Praxisbeispiel erläutern. Dies soll lediglich als Beispiel dienen und ist nicht empirisch belegt. Während meiner Praktikumszeit kam es bei einem Säugling aufgrund des Verhaltens seiner Mutter zu wiederholten Kindeswohlgefährdungen. Diese konnten durch das beherzte Eingreifen der Pädagog*innen zum Glück abgewendet werden. Die junge Mutter war bereits an eine psychosomatische Fachklinik angebunden, weigerte sich jedoch eine Diagnostik erstellen zu lassen und die benötigten Medikamente einzunehmen. Daraus resultierten Verhaltensweisen der Mutter im Umgang mit ihrem Baby, die nicht altersentsprechend waren. So hatte sie ihr Kind nicht im Blick, sodass es immer wieder zu kindeswohl-gefährdenden Situationen kam. Die zuständige Bezugspädagog*in verfasste einen Bericht an das Jugendamt und bat um ein dringendes Krisengespräch. Dieses Gespräch kam aber aufgrund von Krankheit der Sozialarbeiterin und einer ungenügenden Vertretungsregelung erst vier Wochen nach der Meldung zustande. Während dieser Zeit kam es erneut mehrfach zu Situationen, die das Leben und die Gesundheit des Kindes bedrohten. Als das Krisengespräch dann endlich stattfand, wurde das Kind in Obhut genommen. Diese Beispiel zeigt, dass gerade im Bereich der öffentlichen Jugendhilfeträger aufgrund prekärer Arbeitssituationen ein hoher Personalausfall die Arbeit der Leistungserbringer behindert. Die Fluktuation bei Beschäftigten im Jugendamt hat zur Folge, dass die Kommunikation zwischen Jugendämtern und freien Trägern gehemmt beziehungsweise eingeschränkt ist oder im schlimmsten Fall überhaupt nicht stattfinden kann.

4.2. *Kooperation zu Pandemiezeiten*

Durch die Corona-Pandemie, die am 11. März 2020 durch die WHO ausgerufen wurde, zeigte und zeigt sich nach wie vor deutlich, dass eine gelingende Zusammenarbeit zwischen den Trägerstrukturen auf eine intensive Kommunikation angewiesen ist. Zudem ist die Kinder- und Jugendhilfe hinsichtlich ihrer Arbeit in besonderer Weise gefordert, da sie dazu gezwungen wurde, zur Realisierung ihres Auftrags alternative Wege der Kommunikation und Interaktion zu erschließen und zu nutzen. Das schließt die Neuregelung von Arbeitsprozessen, die Klärung von Datenschutzfragen ebenso ein, wie die Bereitstellung technischer Infrastruktur, oder die Beschaffung von persönlicher Schutzausrüstung [vgl. DJI, 2020, 9]. Besonderes Augenmerk ist dabei auf die veränderten Kommunikationswege zu legen. Ich gehe in dieser Arbeit nicht darauf ein, wie sich die Kommunikation zwischen den Trägern und den Klient*innen verändert hat, sondern betrachte nur den Austausch der öffentlichen und freien Träger untereinander. Zu Beginn der Pandemie musste kurzfristig eine Lösung gefunden werden, um die Kommunikation in Zeiten der Kontaktbeschränkung nicht abreißen zu lassen. Hierzu musste die digitale Infrastruktur ausgebaut, vielerorts sogar erst aufgebaut werden. Die Zusammenarbeit gestaltete sich schwierig, da sowohl die Jugendämter, als auch die freien Träger, als Leistungserbringer nicht über die technischen Strukturen verfügten, die hierfür Voraussetzung sind. Außerdem ist eine Qualifizierung der Fachkräfte zwingend erforderlich, damit eine digitale Kommunikation überhaupt erst möglich wird [vgl. DIJuF, 2020, 2ff.]. In der Praxis sieht es häufig so aus, dass sich Videokonferenzen und Telekommunikation aufgrund von mangelndem technischen Equipment und bedingt durch die Arbeitszeitmodelle, schwierig gestalten. Ein weiterer Faktor, der die Kooperation der Jugendämter und der freien Träger erschwert, sind die Kurzarbeitsregelungen. So befinden sich zum Beispiel Sozialarbeiter*innen des Allgemeinen Sozialen Dienstes im Homeoffice und sind auf diese Weise für die freien Träger nur unter äußerst erschwerten Bedingungen zu erreichen. Emails können nur bedingt beantwortet werden, da die Mitarbeiter*innen eine sehr hohe Anzahl von

„Fällen" bearbeiten müssen. Durch die zeitversetzte Tätigkeit im Amt haben sie auch nur bedingt Zugriff auf die Akten. Ein online Zugriff über das Homeoffice scheitert häufig am Datenschutz. Aber auch die Freien Träger müssen sich an die Datenschutzrichtlinie ha ten. Dadurch sind ihnen häufig auch die Hände gebunden, da manche Unterlagen, nämlich diese, in den Namen und Daten der Klient*innen aufgeführt werden, nur per Telefax und nicht per Email, versendet werden dürfen. Befinden sich die zuständigen Sozialarbeiter*innen nicht im Amt, sondern im Homeoffice, laufen die Informationen häufig vorerst ins „Leere". Um eine Hilfe substantiell gestalten zu können, ist eine Hilfeplanung mit allen Beteiligten im SGB VIII verankert. In diesen Prozess werden das Jugendamt, die Leistungserbringer, die Klient*innen und ihre Familien und gegebenenfalls weitere Hilfesysteme mit eingebunden. Daher stellen die Kontaktbeschränkungen eine besondere Herausforderung für die Umsetzung der Hilfeplanung dar. Das betrifft die Hilfeplanung bei neu eingerichteten Hilfen ebenso, wie auch die Überprüfung und Fortschreibung laufender Hilfen. So kann es vorkommen, dass Hilfeplanungen tatsächlich vorübergehend ausgesetzt werden. Andere Jugendämter verschieben ihre Hilfeplangespräche bis auf weiteres [vgl. DIJ, 2020, 17ff.]. Auch die Installation neuer Hilfen gestaltet sich seit Beginn der Covid-19-Pandemie schwierig. Es gehen zwar nach wie vor Fallanfragen der Jugendämter bei den Hilfe erbringenden Trägern ein. Häufig scheitert dies aber sowohl vor Seiten der Jugendämter und auch der freien Träger. In einem späteren Kapitel beschreibe ich das Aufnahmeprocedere im Mutter-Kind-Haus. Hier ist immer ein Vorstellungsgespräch im Sinne eines Explorationsgespräches und eine Besichtigung des Hauses vorgesehen. Aufgrund der Kontaktbeschränkungen und der Abstandsregelungen ist eine Vorstellung nur noch in unserem Haupthaus möglich, da nur dort ausreichend große Räumlichkeiten zur Verfügung stehen. Die neu aufzunehmende Klient*innen erhalten nun nicht mehr die Möglichkeit das Haus, ihr potentielles neues Zimmer, zu besichtigen. Sie haben somit keine Chance vor ihrem Einzug ihre Mitbewohner*innen und die Pädagog*innen kennenzulernen. Das kann in Anbetracht dessen, dass die Hilfen und Unterstützungen im Mutter-Kind-Haus sehr intensiv, intim und familiär ausgelegt sind unter Umständen zu Problemen oder ungewünschten Dynamiken führen.

5. Soziale Arbeit ein Verwaltungsakt? – Von der Anfrage bis zur Entlassung

Während meiner Praktikumszeit wurde mir durch meine Praxisanleiterin die Möglichkeit gegeben bei allen Etappen der Hilfen teilzunehmen bzw. selbst mitzuwirken. So konnte ich direkt zu Beginn bei einem Vorstellungstermin anwesend sein und auch die darauffolgende Aufnahme begleiten. Der administrative Alltag wurde insofern von mir unterstützt, dass ich Fahrtgelder beim zuständigen Ju-gendamt sowohl beantragt als auch ausgezahlt habe. Die Tageskasse wurde mit Unter-stützung meiner Praxisanleitung von mir geführt. Ebenso war ich am Erstellen der Sach-standsberichte für Hilfeplangespräche und an den Gesprächen selbst beteiligt. Der Ab-schluss einer Maßnahme wird auch wieder durch viele unterschiedliche administrative Tätigkeiten begleitet.

5.1.   Fallanfrage durch das zuständige Jugendamt

Wenn eine Klient*in in das Mutter-Kind-Haus aufgenommen werden soll, geht eine Fallanfrage durch den Allgemeinen Sozialen Dienst, des zuständigen Jugendamtes voraus. Die fallzuständigen Sozialarbeiter*innen werden mit den potenziellen Klient*innen zu einem Vorstellungsgespräch eingeladen. Das Vorstellungsgespräch beginnt in der Regel mit einem Joining. Das ist eine Anwendungstechnik von syste-mischen Berater*innen und Therapeut*innen und ist als ein therapeutisches Bündnis zwischen Klient*innen, ihren Familienmitgliedern und der systemischen Fachkraft zu verstehen. Direkt nach der Begrüßung wird die Klient*in mit der Sozialarbeiter*in durchs Haus geführt, sodass sich beide einen ersten Eindruck über die Räumlichkeiten machen können. Ein Ziel dieser Joinings ist es, dass die systemische Berater*in beobachten kann, wie sie auf die Mitbewohner*innen zugeht, wie sie auf die neuen Eindrücke rea-giert und was ihre Körpersprache aussagt. Am Ende des Rundgangs begeben sich alle in den Besprechungsraum. Dort wird durch die systemische Berater*in eine Geno-grammexploration durchgeführt. Es ist hierbei besonders wichtig, der Klient*in zu ver-mitteln, dass dieses Instrumentarium angewendet wird, weil das Team Interesse an ihr hat und deshalb mehr über sie erfahren möchte. Auch ist es eine Möglichkeit zu er-kennen, welche Unterstützung sie benötigt und ob die Unterstützung, die konzeptionell verankert ist, die Richtige für sie ist. In der Exploration werden unterschiedliche Bereiche angesprochen. Die Klient*in und ihre Ressourcen stehen auch hierbei immer im Mittel-punkt. Informationen zu ihrer Herkunftsfamilie und den sozialen Beziehungen sind bei der Erstellung eines Genogramms sehr wichtig. Die einzelnen Personen werden durch Beziehungslinien verbunden. Manchmal werden diese von der Klient*in treffend be-schrieben, ein anderes Mal beruhen sie nur auf Vermutungen der systemischen Berater*in. Das BASK Modell nach Braun (**B**ehavior-Verhalten, **A**ffect-beteiligte Gefühle, **S**ensation-Körperempfindungen, **K**nowledge-Wissen) hilft Zusammenhänge zu verstehen und alle Bestandteile in die Bearbeitung mit einzubeziehen. Besonders die Körpersprache ist während der Exploration bezeichnend. Die in sich gekehrte Sitz-haltung entspannt sich mit den ersten Worten der Wertschätzung und das Erzählen fällt leichter. Nachdem das Genogramm erstellt ist und die Klient*in das Problem, aus ihrer und aus Sicht des Jugendamtes schildern durfte, wird ein kurzer Abriss über die Arbeit in der Einrichtung und den Tagesablauf gegeben. Beide Parteien erhalten Bedenkzeit und verabreden sich zu einem Entscheidungstelefonat. Die Methode der Genogramm-exploration wird im gesamten Träger und seit Gründung des Mutter-Kind-Hauses auch hier regelmäßig angewendet und hat sich als ein sehr hilfreiches Werkzeug erwiesen, die meist verworrenen, vielschichtiger Familien-strukturen und eventuelle Fallen bzw. Verstrickungen zu verstehen. Bei der Exploration ist es wichtig, die Klient*in gut im Blick zu behalten, um auftretende emotionale Regungen rechtzeitig erkennen zu können. Teilweise werden während der Exploration Themen angesprochen, die sehr nahe gehen, belasten und retraumatisieren können. Der Prozess kann aber durch das Herausarbeiten von Ressourcen in eine positive Verstärkung umgewandelt werden (vgl. Schlippe; Schweitzer 2007).

5.2. Aufnahme der Klientin

In diesem Kapitel beschreibe ich lediglich die Tätigkeiten im Zusammenhang mit einer Neuaufnahme, die in den Verwaltungsbereich fallen. In dem vor der Aufnahme stattgefundenen Vorstellungsgespräch wurden der Klient*in die Gruppenregeln aus-gehändigt. Diese werden bei Aufnahme von der Klient*in und ihrer Bezugsbetreuer*in unterschrieben und in Papierform in der Akte abgelegt. Dieses Regelwerk gilt als Vertrag zwischen Klient*in und Bezugsbetreuer*in. Die Akte wird sowohl manuell als auch digital gepflegt. Das Erstellen fällt in den Aufgabenbereich der Bezugspädagog*in. Im nächsten Schritt muss der Personalbogen ausgefüllt werden. Auf diesem Bogen werden die wich-tigsten Daten der neuen Bewohner*in festgehalten. Mit diesem Dokument kann die Klient*in angemeldet werden und die Finanzierung der Maßnahme durch den öffent-lichen Jugendhilfeträger beginnt. Auch kann ab diesem Zeitpunkt die Gruppe mit der Auszahlung von Taschengeld in Vorlage gehen. Das ist häufig notwendig, da die jungen Frauen kaum über finanzielle Mittel verfügen. Ein Anspruch auf Kleidergeld besteht im ersten Monat der Maßnahme nicht, sodass dies nicht vorausbezahlt werden kann. Hier gibt es jedoch die Möglichkeit Gelder beim zuständigen Jugendamt für Bekleidungs-erstausstattungen, Schwangerenmehrbedarf oder Anderes nach Anlage 7 zur Hessischen Rahmenvereinbarung für die Gestaltung von Entgeltvereinbarungen, zu beantragen. Die Anlage 7 ist eine Empfehlung zur Gewährung von Nebenleistungen, die vom Hessischen Städtetag und vom Hessischen Landkreistag jährlich angepasst wird. Der Schwangerenmehrbedarf in Höhe von 73,44 € monatlich wird entsprechend § 30 Abs. 2 SGB XII gewährt. Die zuständigen Sachbearbeiter*innen des Allgemeinen Sozialen Dienstes leiten diesen Antrag, der in diesen Fällen meist befürwortet wird, an die wirtschaftliche Jugendhilfe weiter, die dann die Zahlungen an die Verwaltung des Trägers anweist.

5.3. Der administrative Alltag

Den administrativen Teil einer Tätigkeit in der vollstationären Jugendhilfe bzw. der
gemeinsamen Wohnformen von Müttern/Vätern und Kindern möchte ich in zwei Themenpunkte unterteilen. Zum Einen in den Teil, der die Klient* innen direkt betrifft und zum Anderen in den finanziellen Teil. In dem Mutter-Kind-Haus findet ein paar Wochen nach der Aufnahme ein Hilfeplan-gespräch (HPG) statt. In diesem Gespräch sollen die Ziele für die Maßnahme erarbeitet und verschriftlicht werden. Als Vorbereitung für dieses HPG wird durch die Bezugs-pädagog*innen ein Sachstandsbericht verfasst, in dem über die Zeit seit der Neuauf-nahme berichtet wird. Dieser Bericht wird dann von der Abteilungsleitung überprüft und genehmigt, bevor er an die zuständigen Sozialarbeiter*innen, seit 2019 aus Daten-schutzgründen per Fax, versendet wird. Hilfeplangespräche sollen in der Regel alle sechs Monate stattfinden. Zur täglichen administrativen Tätigkeit gehören das genaue Dokumentieren und führen eines Gruppenbuches. In der Dokumentation werden sowohl allgemeine Vorkommnisse zu jeder Klient*in und ihres Kindes, als auch gesundheitliche Aspekte, wie z.B. Medikamentengaben, notiert. Besonders wichtig ist eine detaillierte Dokumentation vor allem dann, wenn es um die Entwicklung oder Gesundheit der Kinder geht oder eine Krise bewältigt wurde oder noch zu bewältigen gilt. Während meines Praktikums wurde mir bewusst, dass die Kinder unsere Klient*innen sind und nicht die Eltern. Das Haupt-augenmerk der Tätigkeit in einer Mutter-Kind-Einrichtung liegt auf dem Kindeswohl und dem damit einhergehenden Schutz des Kindes.
Um die pädagogische Arbeit gut verrichten zu können, müssen Vorgänge genauestens dokumentiert werden, damit im Gruppenalltag der „Rote Faden" erhalten bleibt und die Klient*innen keine Möglichkeit haben, zwischen den Pädagog*innen zu spalten.
Im Mutter-Kind-Haus werden die zur Verfügung stehenden Gelder auf bis zu acht verschiedene Kassen aufgeteilt. So gibt es Essensgeld, Handgeld, Freizeitgeld, Taschengeld, Spargeld, Kleidergeld, eventuell Schwangerenmehrbedarf und eventuell Stiftungsgeld. Das Stiftungsgeld wird von der schwangeren Bewohner*in gemeinsam mit ihrer Bezugsbetreuer*in bei der Bundesstiftung Mutter und Kind beantragt. Diese finanzielle Unterstützung soll den werdenden Müttern helfen Dinge anzuschaffen, die im Zusammenhang mit der Geburt des Kindes benötigt werden.

Der Schwangerenmehrbedarf orientiert sich, wie bereits erwähnt an den Leistungen des SGB II und kann für Bekleidung, ärztliche Untersuchungen und Medikamente, die keine Kassenleistungen sind, verwendet werden.

Meiner Meinung nach ist zu erwähnen, wie hoch der administrative Aufwand beim Führen der Kassen und Verwalten der zur Verfügung stehenden Gelder ist. So müssen die Belege sortiert und im Kassenbuch sowohl digital als auch manuell erfasst werden. Leider gibt es keine allumfassende Vorgabe der Verwaltung, sodass es in den verschiedenen Wohngruppen unterschiedlich gehandhabt wird. Das Abrechnungs-procedere ist ein sehr komplexer Vorgang. So ist beispielsweise bei Ausgaben ab 20 €, die keine Nahrungsmittel betreffen, eine Genehmigung der Bereichs- und der Heim-leitung erforderlich. Hierfür wird ein Antrag geschrieben, der auch ausführlich begründet werden muss. Diese Aufgaben binden die personellen Ressourcen so stark, dass in diesem Zeitraum an das so wichtige pädagogische Arbeiten, nicht zu denken ist.

Ebenso wie der oben bereits erwähnte Mehrbedarf müssen auch Therapiefahrter oder besondere Anschaffungen, die eine einzelne Bewohner*in betreffen, nach Anlage sieben der Hessischen Rahmenvereinbarung gesondert beim zuständigen Jugendamt beantragt werden.

Um die Endabrechnung der einzelnen Kassen kümmern sich die beiden hierfür verantwortlichen Kolleg*innen. Diese müssen die Kassen bis zum jeweils fünften des Folgemonats abrechnen und der Verwaltung vorlegen.

5.4. Entlassung

Bei Beendigung einer Maßnahme ist eine Abmeldung an die Verwaltung zu schreiben. Die noch zur Verfügung stehenden Gelder für die Bewohner*in werden durch die Kassenverantwortlichen abgerechnet und ausgezahlt.

6. Fazit

Während der Recherche zu diesem Thema und durch die praktischen Tätigkeiten in meiner Praktikumsstelle konnte ich bereits sehr früh eine Antwort auf meine Fragestellung, durch welche Bedingungen eine gelingende Kooperation zwischen öffentlichen und freien Trägern der Jugendhilfe in einem Mutter-Vater-Kind-Haus beeinflusst werden kann, finden.

Während der Praxisphase und des Bearbeitens dieses Berichtes tauchten aber immer wieder neue Fragen zu diesem Thema auf. Die Zusammenarbeit der Träger soll in erster Linie partnerschaftlich stattfinden. Das habe ich auf verschiedene Art und Weise erlebt. Einerseits waren die Sozialarbeiter*innen der zuständigen Jugendämter um einen intensiven und regen Austausch bemüht, bei drohender Kindeswohlgefährdung wurde zeitnah reagiert. Andrerseits hatte ich aber auch den Eindruck, dass der Allgemeine Soziale Dienst froh war, eine Unterbringung abgeschlossen zu haben, und somit vorerst kein Gesprächsbedarf bestand. Die Covid-19 Pandemie stellte beide Seiten, die Jugendämter, wie auch die Pädagog*innen im Mutter-Kind-Haus vor große Herausforderungen. So konnten aufgrund fehlender technischer Voraussetzungen keine digitalen Meetings zur Krisenintervention mit den fallzuständigen Jugendämtern stattfinden. Aufgrund der Kontaktbeschränkungen fanden lange Zeit keine Vorstellungsgespräche statt und auch die Fallanfragen der Jugendämter blieb aus. Die Folge daraus war, das seit März 2020 die Gruppe lediglich mit vier Mutter-Kind-Paaren belegt war. Betrachtet man den wirtschaftlichen Aspekt, war dies eine negative Auswirkung der Pandemie auf das kostendeckende Arbeiten. Sieht man es vom pädagogischen Ansatz, war es eine Chance für die Beziehungsarbeit zwischen Pädagog*innen und Klient*innen und ihren Kindern. Da unter normalen Bedingungen, durch den großen administrativen Zeitaufwand, den Pädagog*innen für die Interaktion mit den Klient*innen immer weniger Zeit zur Verfügung steht. Das Hauptaugenmerk der Arbeit in den gemeinsamen Wohnformen liegt auf dem Kindeswohl und der Abwendung dessen Gefährdung. Somit ist es ein täglich neuer Spagat, dem die Betreuer*innen ausgesetzt sind.

Meine Praktikumszeit im Bereich der gemeinsamen Wohnformen für Mütter/Väter und Kinder war eine für mich positive und bereichernde Erfahrung. Wichtig war für mich, dass in der Theorie Erarbeitetes tagtäglich in der Praxis umgesetzt werden konnte. Ich habe festgestellt, dass ressourcenorientiertes Denken sowie der Blick auf die Herkunftsfamilie hilfreich ist, um passende Unterstützungsangebote für die jungen Frauen zu finden. Ich habe für mich bereits in einem frühen Stadium des Praktikums erkannt, dass die Arbeit in einer Mutter-Vater-Kind-Einrichtung genau mein Tätigkeitsbereich ist. Da eine Pädagogin die Abteilung wechselte, bekam ich das Angebot die freie Stelle in Vollzeit als pädagogische Mitarbeiterin zu besetzen. Ich griff sofort zu und arbeite seit diesem Zeitpunkt im Mutter-Vater-Kind-Haus. Bereits jetzt schon habe ich meinen Platz gefunden.

7. Literatur und Quellenangabe

Arbeitsgemeinschaft für Kinder- und Jugendhilfe (2018): Berlin: https://www.agj.de/fileadmin/files/positionen/2018/oeffentliche_Freie_Jugendhi lfe_HzE.pdf [letzter Zugriff 12.12.2020].

Arnold et al. (2014): Lehrbuch der Sozialwissenschaft. 4. Erweiterte Auflage. Baden-Baden: Nomos Verlagsgesellschaft.

Bundesarbeitsgemeinschaft der Freien Wohlfahrtspflege (2020): https://www.bagfw.de/ueber-uns/aufgaben-der-bagfw [letzter Zugriff 11.112.2020].

Brütt (2019): Aufzeichnungen aus der Vorlesung Sozialwirtschaft und Soziale Dienste, Wintersemester 2019/2020.

Caritas (2020): https://www.caritas.de/diecaritas/wir-ueber uns/transparenz/ finanzierung/ueberblick [letzter Zugriff 12.12.2020].

Chassé, K.-A. (2014): Re-Politisierung der Sozialen Arbeit. In: Bütow, B./Chassé, K.-A./Lincner, W. (2014): Das Politische im Sozialen. Historische Linien und aktuelle Herausforderungen. Opladen, Berlin, Toronto: Verlag Barbara Budrich.

Dahme, H.-J./Wohlfahrt, N. (2013): Lehrbuch Kommunale Sozialverwaltung und Soziale Dienste. Grundlagen, aktuelle Praxis und Entwicklungsperspektiven. 2. völlig überarbeitete Auflage. Weinheim: Beltz-Juventa.

Deutsches Jugendinstitut (2020): https://www.dji.de/fileadmin/user_upload/bibs2020/1234_DJI-Jugendhilfebarometer_Corona.pdf [letzter Zugriff 13.12.2020]

Deutsches Institut für Jugendhilfe und Familienrecht e.V. (2020): https://www.dijuf.de/files/downloads/2020/Zwischenruf_SFK_1_DIJuF.pdf [letzter Zugriff 13.12.2020].

Galuske, M. (2008): Fürsorgliche Aktivierung – Anmerkungen zu Gegenwart und Zukunft Sozialer Arbeit im aktivierenden Staat. In: Bütow, B./Chassé, K.-A./Hirt, R. (Hrsg.): Soziale Arbeit nach dem Sozialpädagogischen Jahrhundert. Positionsbestimmungen Sozialer Arbeit im Post-Wohlfahrtsstaat. Opladen: Verlag Barbara Budrich.

Messmer, H. (2007): Jugendhilfe zwischen Qualität und Kosteneffizienz. Wiesbaden: VS Verlag für Sozialwissenschaften. GWV Fachverlage GmbH.

Otto, H.-U./Ziegler, H. (2012): Impulse in eine falsche Richtung. Ein Essay zur neuen „Neuen Steuerung" der Kinder- und Jugendhilfe. In: Forum Jugendhilfe 1/2012. Weinheim: Beltz-Juventa.

Santen, E. van, & Seckinger, M. (2003): Kooperation: Mythos und Realität einer Praxis. Eine empirische Studie zur interinstitutionellen Zusammenarbeit am Beispiel der Kinder- und Jugendhilfe. München: Dt. Jugendinstitut.

Statistisches **Bundesamt** **(2018):**
https://www.destatis.de/DE/Themen/Gesellschaft-Umwelt/Soziales/Kinderhilfe-Jugendhilfe/aktuell-kinder-jugendhilfe-ausgaben.html [letzter Zugriff 11.12.2020].

Statistisches **Bundesamt** **(2020):**
https://www.destatis.de/DE/Presse/Pressemitteilungen/2020/11/PD20_456_225.html;jsessionid=7113EA645A7152C5BDB3C929F38E1213.internet8741 [letzter Zugriff 13.12.2020].